Pequeñas biografías de grandes personajes

ROSA PARKS

Joan Stoltman
Traducido por Ana María García

Gareth Stevens
PUBLISHING

Please visit our website, www.garethstevens.com. For a free color catalog of all our high-quality books, call toll free 1-800-542-2595 or fax 1-877-542-2596.

Library of Congress Cataloging-in-Publication Data
Names: Stoltman, Joan, author.
Title: Rosa Parks / Joan Stoltman.
Description: New York : Gareth Stevens Publishing, 2018. | Series: Pequeñas biografías de grandes personajes | Includes index.
Identifiers: LCCN 2017023602| ISBN 9781538215562 (pbk.) | ISBN 9781538215623 (6 pack) | ISBN 9781538215296 (library bound)
Subjects: LCSH: Parks, Rosa, 1913-2005–Juvenile literature. | African American women–Alabama–Montgomery–Biography–Juvenile literature. | African Americans–Alabama–Montgomery–Biography–Juvenile literature. | Civil rights workers–Alabama–Montgomery–Biography–Juvenile literature. | African Americans–Civil rights–Alabama–Montgomery–History–20th century–Juvenile literature. | Segregation in transportation–Alabama–Montgomery–History–20th century–Juvenile literature. | Montgomery (Ala.)–Race relations–Juvenile literature. | Montgomery (Ala.)–Biography–Juvenile literature.
Classification: LCC F334.M753 S76 2018 | DDC 323.092 [B] –dc23
LC record available at https://lccn.loc.gov/2017023602

Published in 2018 by
Gareth Stevens Publishing
111 East 14th Street, Suite 349
New York, NY 10003

Copyright © 2018 Gareth Stevens Publishing

Translator: Ana María García
Editorial Director, Spanish: Nathalie Beullens-Maoui
Editor, Spanish: Natzi Vilchis
Designer: Samantha DeMartin

Photo credits: series art Yulia Glam/Shutterstock.com; Cover, p. 1 William Philpott/Hulton Archive/Getty Images; p. 5 MassiveEartha/Wikimedia Commons; pp. 7, 11, 17 Bettmann/Bettmann/Getty Images; p. 9 (main) Library of Congress/Corbis Historical/Getty Images; p. 9 (inset) The Washington Post/The Washington Post/Getty Images; p. 13 UniversalImagesGroup/Universal Images Group/Getty Images; p. 15 Grey Villet/The LIFE Picture Collection/Getty Images; p. 19 Taro Yamasaki/The LIFE Images Collection/Getty Images; p. 21 BRENDAN SMIALOWSKI/AFP/Getty Images.

All rights reserved. No part of this book may be reproduced in any form without permission in writing from the publisher, except by a reviewer.

Printed in the United States of America

CPSIA compliance information: Batch #CW18GS: For further information contact Gareth Stevens, New York, New York at 1-800-542-2595.

CONTENIDO

Venir al mundo en tiempos difíciles 4

Una líder joven 8

El día en que todo cambió 10

Se aproximan cambios 14

La lucha continúa 18

Glosario 22

Para más información 23

Índice 24

Las palabras del glosario se muestran en **negrita**, la primera vez que aparecen en el texto.

Venir al mundo en tiempos difíciles

Rosa Parks nació en 1913 en Alabama. Cuando era joven, se fue a vivir a casa de sus abuelos con su madre y su hermano Sylvester. Sus abuelos habían sido esclavos. Rosa nació años después de que se aboliera la esclavitud, pero la discriminanción hacia las personas de raza negra, seguía existiendo.

Rosa creció durante la **segregación**. Las personas negras debían utilizar ascensores separados, además de baños, fuentes para beber y entradas aparte. Si una persona negra no obedecía las leyes o **costumbres** del Sur, podía resultar herida o incluso, morir. La escuela para negros, a la que iba Rosa, solo tenía una habitación y un maestro para 50 estudiantes de todas las edades.

Una líder joven

A los 19 años, Rosa se casó con Raymond Parks, miembro de la Asociación Nacional para el Progreso de las Personas de Color (NAACP, por sus siglas en inglés). ¡Y Rosa se les unió! Con la NAACP, Rosa ayudó en la lucha por el derecho al voto de los negros, el trato justo por parte de la policía y de los jueces, y por poner fin a la segregación.

Raymond Parks

El día en que todo cambió

En el Sur, los negros tenían que sentarse en la parte de atrás del autobús. Un día de 1955, Rosa iba en el autobús del trabajo a su casa y la parte delantera se llenó. El conductor del autobús intentó dar el asiento de Rosa a una persona blanca, pero Rosa no lo **cedió**.

El conductor llamó a la policía. Sacaron a Rosa del autobús y la encarcelaron. No era la primera vez que una persona de raza negra se oponía a la segregación. Sus amigos de la NAACP decidieron que sería la última.

Se aproximan cambios

El grupo local de NAACP se reunió para organizar un **boicot** a los autobuses. Colocaron anuncios en periódicos y distribuyeron folletos en las iglesias, escuelas y barrios negros. No fue fácil, pero 40,000 personas de raza negra compartieron su automóvil, fueron en bicicleta, caminaron e incluso montaron en mulas en vez de tomar el autobús.

El boicot a los autobuses de Montgomery, Alabama, fue la primera vez que tantas personas se oponían a la segregación. Rosa, el Dr. Martin Luther King Jr. y otras 87 personas fueron encarcelados. Sin embargo, el boicot continuó durante más de un año, ¡hasta que la ciudad cambió sus leyes!

Dr. Martin Luther King Jr.

La lucha continúa

Después de que la segregación se declarara ilegal, Rosa y Raymond se trasladaron a Detroit, Michigan. Rosa continuó luchando por la igualdad de trato de las personas de raza negra y de las mujeres en las escuelas, el hogar, el empleo y en los tribunales. También enseñó a muchos jóvenes sobre la historia y cómo ser buenos ciudadanos.

Rosa murió en 2005, a los 92 años. Es la única mujer cuya **capilla ardiente** ha sido instalada en el Capitolio, en Washington, D. C. En 2013, erigieron allí una estatua con su imagen. ¡Rosa fue una persona de gran importancia histórica!

"Los defensores de la libertad nunca se jubilan".
- Rosa Parks

GLOSARIO

boicot: acto de negarse a tratar con una persona o negocio para forzar cambios.

capilla ardiente: cuando el cuerpo sin vida de un líder famoso se expone en un lugar público para que la gente pueda verlo y mostrar respeto.

cedió (ceder): dio.

costumbre: una manera de hacer las cosas que son habituales entre la gente en un cierto grupo o lugar.

físicamente: que tiene que ver con el cuerpo.

segregación: separación forzosa por motivos raciales o de clase.

PARA MÁS INFORMACIÓN

LIBROS

Hansen, G. *Rosa Parks: Activist for Equality*. Minneapolis, MN: ABDO Kids, 2016.

Jazynka, K. *Rosa Parks*. Washington, DC: National Geographic, 2015.

Meltzer, B. *I Am Rosa Parks*. New York, NY: Dial Books for Young Readers, 2014.

SITIOS DE INTERNET

Galería de Rosa Parks
achievement.org/achiever/rosa-parks/#gallery
En este sitio encontrarás muchas fotografías importantes sobre la vida de Rosa Parks.

Manifestarse a favor de la libertad
achievement.org/achiever/rosa-parks/#interview
Entrevista en *video* a Rosa Parks en 1995.

Rosa Parks desencadena el boicot a los autobuses
biography.com/video/rosa-parks-sparks-bus-boycott-34625563
Mira este video y conoce lo que sucedió una vez que Rosa Parks tomó su valiente decisión.

Nota del editor a los educadores y padres: nuestro personal especializado ha revisado cuidadosamente estos sitios web para asegurarse de que son apropiados para los estudiantes. Sin embargo, muchos de ellos cambian con frecuencia, por lo que no podemos garantizar que contenidos que se suban a esas páginas posteriormente cumplan con nuestros estándares de calidad y valor educativo. Les recomendamos que hagan un seguimiento a los estudiantes cuando accedan a Internet.

ÍNDICE

Alabama 4, 16

autobús 14, 16

boicot 14, 16, 22

Capitolio 20

Detroit, Michigan 18

encarcelar 12, 16

esclavitud 4

escuela 6, 14, 18

King, Martin Luther, Jr. 16, 17

leyes 6, 16

libertad 21

líder 8

NAACP 8, 12, 14

Parks, Raymond 8, 9, 18

segregación 6, 8, 12, 16, 18, 22